Arturo Pérez-Reverte

La Guerra Civil
contada a los jóvenes

Ilustrado por Fernando Vicente

ALFAGUARA

Primera edición: noviembre de 2015

Printed in Spain – Impreso en España

ISBN: 978-84-204-8280-4
Depósito legal: B-21482-2015

Impreso en Futurgrafic, Molins de Rei (Barcelona)

AL 8 2 8 0 4

A Óscar, Víctor, Carlota, Arturo,
Fernando... los que son jóvenes o lo
fuimos. Porque no se repita nunca.

Prólogo

Todas las guerras son malas, pero la guerra civil es la peor de todas, pues enfrenta al amigo con el amigo, al vecino con el vecino, al hermano contra el hermano. Hace casi ochenta años, entre 1936 y 1939, en tiempos de nuestros abuelos y bisabuelos, una espantosa guerra civil tuvo lugar en España. Causó miles de muertos, destruyó hogares, arruinó el país y llevó a mucha gente al exilio. Para evitar que tan desoladora tragedia vuelva a repetirse nunca, es conveniente recordar cómo ocurrió. Así, de aquella desgracia podrán extraerse conclusiones útiles sobre la paz y la convivencia que jamás se deben perder. Lecciones terribles que nunca debemos olvidar.

1. Las causas políticas

Desde hacía cinco años, después de la marcha al exilio del rey Alfonso XIII, en España había una república democrática, con representantes elegidos por el pueblo. Sin embargo, el país venía de siglos de atraso social y económico, y eso le impedía conseguir la estabilidad. Había mucha pobreza, incultura y desigualdades sociales, con clases dirigentes acomodadas y grandes masas necesitadas, y buena parte de los españoles se mostraba insatisfecha con aquel estado de cosas. La tierra no era de quien la trabajaba, y las condiciones laborales en las fábricas eran a menudo injustas. Eso daba lugar a disturbios y algaradas que alteraban el orden público e impedían la estabilidad política necesaria para aplicar las reformas adecuadas. Unos querían dar más poder al pueblo, y otros limitarlo.

2. Los modelos extranjeros

Algunos españoles miraban hacia el extranjero en busca de modelos políticos que aplicar como soluciones. Unos eran moderados y otros extremistas. Entre estos últimos no faltaban quienes pretendían imitar movimientos europeos de los llamados de derecha, como los de la Italia fascista o la Alemania nazi, y otros los de izquierda, como la Rusia comunista. Así, en España surgieron organizaciones radicales de distinto signo que se enfrentaban entre sí, tanto en el Parlamento como en las calles. Derechas e izquierdas se organizaban para lo que, tarde o temprano, parecía confrontación inevitable. Eran tiempos exaltados, y a quienes pedían sensatez, diálogo y entendimiento mutuo para salvar la democracia no se les escuchaba demasiado.

3. Las fuerzas enfrentadas

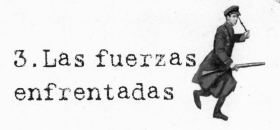

Dos fuerzas opuestas pesaban mucho en aquel momento. Aunque todo estaba un poco mezclado, pues la sociedad española era compleja, los obreros y campesinos se agrupaban mayoritariamente en organizaciones de izquierda, y la burguesía, los terratenientes y el ejército eran más próximos a las de derecha. Además, muchos mandos militares y oficiales estaban molestos porque, tras unos años en que el ejército, a consecuencia de las guerras en Marruecos, había tenido gran protagonismo en la vida española, ahora se creían marginados por la República. También opinaban que el gobierno democrático no controlaba bien las agitaciones reivindicativas de obreros y campesinos, y creían que España iba a sumirse en el caos. Las revueltas callejeras, sublevaciones e incidentes diversos que se daban en todo el país alteraban el orden público y contribuían a crear esa sensación.

4.La sublevación

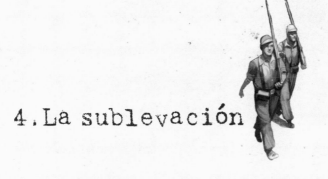

Dispuestos a hacerse con el control de la situación, y una vez puestos de acuerdo con los movimientos más extremistas de derecha, entre los que el más importante era uno llamado Falange Española, buena parte de los jefes y oficiales del ejército se sublevó contra la República el 18 de julio de 1936. En principio se trataba sólo de un golpe de Estado para instaurar una dictadura militar que gobernase el país. Sin embargo, las cosas se complicaron por la resistencia que desde el primer momento opusieron las izquierdas y el legítimo gobierno republicano, que armaron al pueblo para oponerse a los sublevados. España quedó partida en dos, según las ciudades donde triunfaron los sublevados y donde fracasaron. Y fue de ese modo como empezaron tres sangrientos años de guerra civil.

5. Empieza la guerra

Numerosos españoles se vieron obligados a tomar partido por un bando o por otro. Algunos lo hicieron de forma voluntaria, dispuestos a combatir porque su manera de pensar coincidía con la de los militares sublevados o con la del gobierno legítimo, y otros sencillamente se vieron obligados por las circunstancias, por el lugar en el que se encontraban al estallar el conflicto, razones familiares o sociales. Hubo familias divididas y amigos enfrentados. Incluso personas contrarias a la violencia se vieron obligadas a combatir, alistadas a la fuerza en uno u otro bando. Éstos fueron llamados «nacional» o «fascista» en el caso de los sublevados y «republicano» o «rojo» en el de los defensores del gobierno legítimo.

6. Las atrocidades

El comienzo de la guerra fue sangriento, pues todos los rencores acumulados estallaron en los dos bandos. Según el lugar donde tuviesen el control uno u otro, las represalias contra los adversarios políticos y los prisioneros fueron muy duras. El odio, la barbarie y la incultura se manifestaron por todas partes, y mucha gente fue encarcelada o fusilada. España se cubrió de luto. A menudo, aprovechando el desorden, bajo pretextos políticos se realizaron robos y solventaron venganzas personales. En los dos lados se sucedieron las denuncias, los encarcelamientos y las ejecuciones. Aunque más frecuentes al principio, las atrocidades continuaron durante todo el tiempo que duró el conflicto. Se dieron numerosos casos de infamia, pero también de dignidad. Mucha gente se mostró humanitaria y compasiva.

7. El avance sobre Madrid

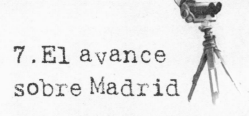

Los militares sublevados eligieron por jefe a un general llamado Francisco Franco, que había conseguido prestigio en las guerras de Marruecos, nombrándolo dirigente máximo de sus ejércitos. Éste hizo avanzar sus tropas sobre Madrid, para conquistar la capital y derribar al gobierno republicano, pero el ejército gubernamental y las milicias populares resistieron en durísimos combates en las afueras de la ciudad. Lugares como la Ciudad Universitaria quedaron arrasados, y los daños del asedio fueron enormes; pero la capital de España no pudo ser tomada por los rebeldes. La defensa de Madrid admiró al mundo, y numerosos periodistas extranjeros acudieron para contarlo. Eso hizo que la atención internacional se fijara en España.

8. Los asedios

Los dos bandos pelearon con crueldad y también con valentía. En los primeros momentos de la guerra, allí donde fracasó la sublevación hubo lugares donde los rebeldes quedaron cercados y se defendieron en feroces combates que tardaron mucho en terminar. Entre otros sitios, eso ocurrió en la iglesia de Santa María de la Cabeza, en Andújar, donde guardias civiles sublevados resistieron con sus familias hasta que fueron vencidos, y en el Alcázar de Toledo, donde militares y civiles estuvieron resistiendo los asaltos del ejército y las milicias republicanas hasta que fueron socorridos por el ejército de Franco.

9. Éxodo y tragedia

Al principio, en su avance militar por Andalucía y Extremadura hacia el norte, las tropas rebeldes tomaron terribles represalias contra la población partidaria del gobierno legítimo de la República. Sindicalistas y miembros de organizaciones políticas fueron las principales víctimas. Uno de los casos más terribles se dio en la ciudad de Badajoz, donde en una despiadada represión fueron asesinadas dos mil personas, incluidas mujeres y menores de edad. Al conocerse esos sucesos, las carreteras se llenaron de refugiados que huían de los sublevados, a cuya cabeza avanzaban los legionarios y las tropas marroquíes que los militares rebeldes habían traído desde el norte de África. En Málaga, columnas de fugitivos con mujeres y niños fueron cruelmente bombardeadas desde el aire y el mar.

10. Represalias en la zona republicana

En la zona republicana ocurrieron también innumerables atrocidades. El caos político, la falta de autoridad, el pueblo armado y sin dirigentes eficaces, los presos comunes liberados de las cárceles, los milicianos que aprovechaban el desorden para robar y matar, facilitaron represalias y matanzas de clérigos, falangistas, monárquicos y personas sospechosas de simpatizar con la sublevación. Muchas iglesias y conventos fueron destruidos y se asesinó a seis mil sacerdotes y religiosos. La diferencia con el otro lado era que, mientras en la zona gubernamental esta barbarie era, en buena parte, fruto del desorden y obra de elementos incontrolados, en la zona rebelde los asesinatos eran tolerados y hasta organizados por los mandos militares, a fin de eliminar toda resistencia y amedrentar a la población.

11. La intervención exterior

La tragedia española se convirtió en motivo de estudio y experimentación para los regímenes europeos que pronto se enfrentarían en la Segunda Guerra Mundial. La Alemania nazi y la Italia fascista tomaron partido por las tropas rebeldes, suministrándoles recursos y material de guerra. La Rusia soviética, confiando en que una victoria republicana acabaría convirtiendo a España en un país comunista, también intervino activamente con consejeros y armamento. Por su parte, Inglaterra, Francia y otras democracias occidentales prefirieron mantenerse neutrales, con un embargo de armas y material necesario para la guerra, que acabó perjudicando más al gobierno que a los rebeldes. Numerosos idealistas de izquierda de diversos países acudieron para alistarse voluntarios en el ejército republicano, en las llamadas Brigadas Internacionales.

12. El gobierno de Burgos

El bando rebelde estableció su capital en Burgos y el general Franco fue confirmado como jefe supremo con el título de «caudillo». España estaba claramente partida en dos, y empezó una fase de la guerra mucho más militar, tendente a conquistar el terreno controlado por el adversario. El golpe de Estado se convertía así en una larga guerra civil de estrategia, batallas y bombardeos. Para oponerse con más eficacia a los rebeldes, el gobierno organizó el llamado Ejército Popular de la República, pero la división interna entre comunistas, anarquistas y otras organizaciones políticas impidió una coordinación total eficaz, a diferencia de las tropas franquistas, que respondían a un mando único.

13.La batalla del Jarama

En su intento por tomar Madrid, las fuerzas rebeldes lanzaron un gran ataque por el valle del Jarama, intentando cortar la carretera de Valencia. Las tropas republicanas se defendieron allí con mucha firmeza, reforzadas por los voluntarios extranjeros de las Brigadas Internacionales. Como ocurrió en la mayor parte de las batallas de esta guerra, ambos bandos pelearon con valor y ferocidad. Fue un duro enfrentamiento en el que los republicanos perdieron 25.000 hombres y los franquistas, 20.000. Algunas unidades de brigadistas extranjeros, como la británica, quedaron casi por completo aniquiladas.

14. Derrota italiana en Guadalajara

Para ayudar a las tropas franquistas, Alemania había enviado aviones y pilotos con la llamada Legión Cóndor, e Italia, una fuerza terrestre de 50.000 soldados. En el curso de un ataque de estos últimos en el frente de Guadalajara, una contraofensiva republicana les causó una enorme derrota. Los tanques entregados al gobierno por la Unión Soviética actuaron con mucha eficacia, la infantería republicana atacó con extremo valor, el frente se desmoronó, y tras cinco días de combate las tropas italianas huyeron a la desbandada, abandonando abundante material de guerra. Mussolini, avergonzado, nunca perdonó a sus soldados aquel desastre.

15. Guerra en el mar

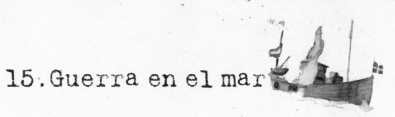

También el mar registró diversas acciones navales entre buques franquistas y republicanos, encaminadas sobre todo a impedir que el bando contrario recibiese suministros del extranjero. Aunque la marina fiel al gobierno estaba muy desorganizada y sin mandos eficaces, por haber sido asesinados muchos jefes y oficiales que simpatizaban con los sublevados, la flota republicana se apuntó algunos éxitos. El principal fue el hundimiento frente al cabo de Palos del crucero franquista *Baleares*, que causó numerosas pérdidas humanas. En el Cantábrico, dos pequeños pesqueros armados vascos, el *Gipuzkoa* y el *Nabara*, protagonizaron un valeroso enfrentamiento con el crucero franquista *Canarias* en el combate de cabo Machichaco.

16. La retaguardia nacional

Durante todo el conflicto, la falta de unidad y de coordinación entre las diversas fuerzas políticas republicanas, ocupadas en discusiones internas, perjudicó el esfuerzo del gobierno legítimo; mientras que en la zona franquista, puesta bajo un mando único, todos los esfuerzos se dedicaban a ganar la guerra. En los lugares conquistados por los sublevados se ejercía una feroz represión. Se llenaban de prisioneros cárceles y campos de concentración, y se calcula que durante la Guerra Civil fueron asesinadas 180.000 personas fieles a la República, a veces por el simple hecho de estar afiliadas a un sindicato. Ni siquiera destacadas personalidades de la cultura quedaron a salvo. El poeta Federico García Lorca, conocido por sus simpatías izquierdistas, fue asesinado en Granada.

17. La retaguardia republicana

A diferencia de la zona franquista, donde los suministros eran mayores, en la zona controlada por el gobierno legítimo escaseaban los alimentos, y eso produjo situaciones dramáticas de hambre y miseria. La España republicana también conoció innumerables detenciones arbitrarias, torturas y asesinatos, que se calculan en unos 50.000. Aunque ya no eran tan frecuentes como en los primeros tiempos de la sublevación, seguían realizándose ejecuciones como represalia por bombardeos y derrotas. Un gran número de presos conocidos por sus simpatías derechistas fue asesinado de forma masiva en Paracuellos del Jarama. Entre ellos se contaba el conocido autor teatral Pedro Muñoz Seca.

18. Las mujeres, víctimas frecuentes

Las mujeres sufrieron especialmente durante la Guerra Civil, pues a menudo fueron víctimas del conflicto y de los desórdenes que trajo consigo. En la zona republicana, numerosas detenidas por grupos de incontrolados fueron violentadas y asesinadas, aunque en la zona franquista esos abusos fueron más frecuentes. Con el avance de las tropas rebeldes, infinidad de ellas fueron maltratadas, rapadas al cero y violadas por los vencedores, cuando no ejecutadas por sus ideas o parentesco. Todos los progresos sociales y políticos que las mujeres habían logrado con la República quedaron abolidos en la zona franquista. Allí, la imagen de la mujer activa, independiente y dueña de su propia vida se planteó como algo negativo, y fue sustituida por un modelo de mujer sumisa, esposa y madre, hogareña y religiosa.

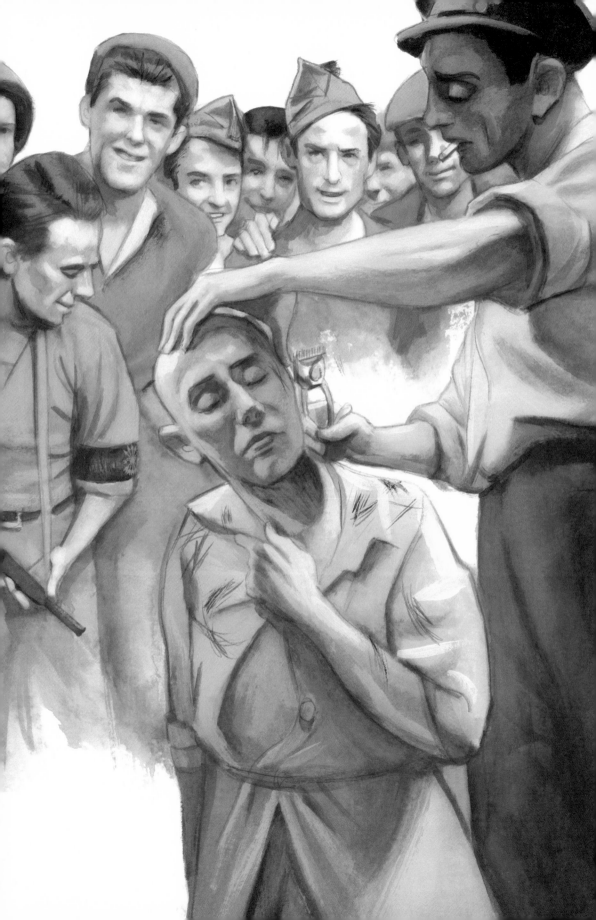

19. El caso Unamuno

El régimen franquista era dictatorial y no aceptaba réplica ni debate de ideas. El filósofo Miguel de Unamuno, prestigioso intelectual y rector de la Universidad de Salamanca, se enfrentó con el general Millán-Astray en un acto público donde éste había gritado: «¡Viva la muerte, mueran los intelectuales!». Con gran serenidad y firmeza, Unamuno replicó: «Venceréis pero no convenceréis. Venceréis porque tenéis sobrada fuerza bruta; pero no convenceréis, porque para eso os falta razón y derecho». Amenazado por los militares presentes, Unamuno estuvo a punto de ser agredido y tuvo que abandonar el lugar entre insultos. Inmediatamente fue cesado en su cargo de rector y murió al poco tiempo, arrestado en su domicilio.

20.Disturbios en Barcelona

Los enfrentamientos políticos en la retaguardia republicana seguían dificultando el esfuerzo de la guerra. Uno de los momentos más difíciles se produjo en Barcelona, cuando enfrentamientos entre el gobierno de la Generalitat, socialistas, comunistas y anarquistas desembocaron en levantamientos armados en barrios obreros y luchas callejeras que duraron varios días. Eso dio lugar a nuevas crisis políticas y cambios en el gobierno central. Agentes soviéticos que actuaban en España intervinieron directamente, complicando aún más la situación y las tensiones entre los diversos grupos. Hubo detenciones y asesinatos. Una sorda guerra civil de odios y desacuerdos se planteó en el interior de la República.

21. La atrocidad
de Guernica

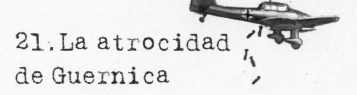

Las tropas rebeldes avanzaban en el norte para alcanzar la frontera francesa, y conquistaron así Santander, Bilbao, Gijón y Avilés, venciendo la dura resistencia inicial de las fuerzas republicanas. Todos los centros industriales de la región quedaron en manos franquistas. En el País Vasco, con autorización del Estado Mayor de Franco y a fin de aterrorizar a la población civil y facilitar así el derrumbe del frente enemigo, la Legión Cóndor atacó Guernica desde el aire con bombas explosivas e incendiarias, arrasando la ciudad en un ensayo despiadado de lo que después serían las tácticas aéreas nazis en la Segunda Guerra Mundial. La matanza fue terrible. Inspirado en tan atroz episodio, Pablo Picasso pintó en París su famoso cuadro *Guernica*.

22. Brunete, Belchite
y Teruel

Una sucesión de durísimas batallas, donde la infantería de ambos bandos peleó con extraordinaria bravura, dio lugar a los sangrientos episodios de Brunete, Belchite y Teruel, en los que a menudo se peleó trinchera por trinchera y casa por casa. En todos los casos las ofensivas republicanas se vieron obstaculizadas por los problemas políticos de retaguardia. El mando franquista, cada vez con más recursos, era consciente de que el tiempo jugaba a su favor. Por eso no dudaba en sacrificar a las propias tropas en una larga guerra de desgaste, mientras que con la represión de los vencidos aseguraba las zonas conquistadas. Por su parte, afectado por los combates y las derrotas, escaso de reservas hasta el punto de movilizar a los jóvenes de 17 años, el ejército de la República empezaba a mostrar síntomas de agotamiento.

23. La batalla del Ebro

El último gran esfuerzo bélico de la República fue la batalla del Ebro, que se convirtió en la más dura de toda la guerra: 80.000 hombres cruzaron el río, sorprendiendo a las tropas rebeldes. Los combates fueron de una increíble violencia, con mucha tenacidad y valor por ambas partes. Los soldados franquistas, que recibieron orden de resistir a toda costa, se mantuvieron en sus posiciones con extraordinaria firmeza, sólo comparable al tesón con el que los republicanos atacaban una y otra vez. La batalla duró tres meses, con pérdidas humanas terribles. En ella murieron 13.300 hombres, aproximadamente la mitad de cada bando, y muchos más quedaron heridos o mutilados. Al fin, los republicanos se vieron obligados a retirarse.

24. Empieza el desastre de la República

La batalla del Ebro casi consumió los últimos recursos bélicos de la República. La victoria ya era imposible, y al poco tiempo comenzó la fuga de quienes temían verse expuestos a las represalias de los vencedores. De Valencia y Alicante empezaron a zarpar barcos cargados de refugiados camino del exilio. Toda la España republicana se derrumbaba. En la base naval de Cartagena hubo una sublevación profranquista, reprimida con firmeza por tropas leales al gobierno, durante la que las baterías costeras hundieron el buque *Castillo de Olite*, que iba a entrar en el puerto cargado de requetés, muriendo trágicamente muchos de ellos. La flota republicana, anclada en la ciudad, huyó al norte de África con los marinos y muchas de sus familias.

25.La sublevación del coronel Casado

En Madrid, el coronel Casado, jefe del Ejército Republicano del Centro, quiso poner fin a una guerra que ya no podía ganarse y sólo prolongaría el sufrimiento. Sublevándose contra el gobierno, intentó pactar un acuerdo con el general Franco; pero éste, que sabía la guerra ganada, se negó a ello. La iniciativa de Casado enfrentó a sus seguidores con los miembros del partido comunista, en violentos combates que acabaron debilitando más la República y sumiéndola en el caos final. Pequeños grupos de combatientes se refugiaron en las montañas, donde todavía actuaron como guerrillas durante unos años, y otros emprendieron el camino del exilio. El gobierno, que se había trasladado a Valencia, se retiró a Barcelona y luego a Gerona, para estar cerca de la frontera francesa. Tras caer la capital de Cataluña, las tropas franquistas entraron en Madrid y cinco días después terminaba la guerra.

26. El exilio de los vencidos

La fuga, ante el miedo justificado a las represalias franquistas, fue terrible para los vencidos. Bajo la lluvia y la nieve, ateridos de frío, largas columnas de fugitivos con mujeres, niños y ancianos intentaron ponerse a salvo en Francia. Las imágenes obtenidas por fotógrafos de la prensa internacional, como el famoso reportero Robert Capa, fueron estremecedoras. Muchos fugitivos perecieron por el camino, y otros, como el poeta Antonio Machado, que huía con su madre anciana, enfermaron y murieron apenas cruzados los Pirineos. Las autoridades francesas trataron a los refugiados con mucha dureza, infligiéndoles toda clase de humillaciones y recluyéndolos en campos de concentración en condiciones miserables.

27. La España franquista

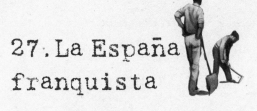

La Guerra Civil no acabó con la victoria militar del general Franco. Durante varios años, hasta que al final de la Segunda Guerra Mundial el nuevo régimen quiso congraciarse con quienes vencieron a la Alemania nazi, España vivió una represión despiadada y sistemática, con innumerables consejos de guerra, encarcelamientos y condenas a muerte. Unas 400.000 personas pasaron por cárceles y campos de internamiento. En vez de optar por la clemencia y la reconciliación, el régimen franquista, convertido en una férrea dictadura que iba a durar cuarenta años, procuró aplastar cualquier resto de libertad y democracia. Los partidos políticos quedaron prohibidos y la actuación sindical se puso en manos de la Falange, controlada por Franco después de que su líder, José Antonio Primo de Rivera, fuese fusilado por los republicanos en la cárcel de Alicante.

28. La Segunda Guerra Mundial

La Guerra Civil Española tuvo derivaciones indirectas en la Segunda Guerra Mundial, que estalló a los pocos meses. Muchos republicanos exiliados murieron en los campos de exterminio nazis. Los soldados españoles de la División Azul, que el franquismo envió a Rusia para ayudar a las tropas alemanas, encontraron a veces frente a ellos a compatriotas: antiguos republicanos españoles que luchaban encuadrados en el ejército soviético. Un gran número de españoles tomó las armas en diversos lugares de Europa contra los nazis, tanto con las tropas regulares aliadas como con la Resistencia francesa, a la que aportaron su coraje y experiencia militar. Algunos de los blindados de las tropas que liberaron París iban tripulados por republicanos españoles y se llamaban *Guernica*, *Belchite*, *Brunete* o *Don Quijote*.

29. El maquis

Al acabar la Segunda Guerra Mundial, cierto número de republicanos españoles, hombres y mujeres, regresó a España de forma clandestina para organizar guerrillas antifranquistas que durante un tiempo fueron muy activas en regiones rurales y montañosas, con sabotajes e incursiones diversas. A estas unidades de guerrilleros se las llamó «maquis», nombre tomado de la resistencia antinazi francesa. Su objetivo era conseguir una sublevación popular contra el régimen franquista, pero la falta de apoyo exterior y el acercamiento del general Franco a las potencias aliadas hicieron fracasar el intento, convirtiéndolo en una lucha inútil y sin esperanza. Perseguidos por el ejército y la guardia civil, la mayor parte de estos grupos fue apresada o exterminada.

30. Retorno a la democracia

España tardó mucho tiempo en reconstruir lo destruido durante la guerra, aunque ciertas heridas de la memoria nunca desaparecieron del todo. El régimen franquista se fue suavizando con el paso del tiempo, pero sin renunciar nunca a su carácter autoritario y represor de libertades políticas y ciudadanas. A la muerte del dictador, España se convirtió en una monarquía parlamentaria por decisión personal del rey Juan Carlos, padre del actual monarca y nieto del exiliado Alfonso XIII, que había sido designado sucesor por el general Franco. Mediante el jefe de gobierno Adolfo Suárez, asesorado por sus preceptores y con el apoyo de todas las fuerzas políticas del momento, Juan Carlos I volvió a legalizar los partidos políticos, procuró la reconciliación nacional, liquidó el régimen franquista y devolvió a España la democracia.

Anexos

Los protagonistas

Personajes del bando nacional

Oficial nacional

Legionario

Soldado regular

Soldado
alemán

Soldado
italiano

Cuerpo
de enfermería

Personajes del bando republicano

Capitán
republicano

Soldado regular

Miliciano

Brigadista
internacional

Mujer
miliciana

Marino
republicano

Términos esenciales

-Anarquismo: movimiento político que pretende la desaparición del Estado y sus instituciones y defiende una sociedad no jerárquica en la que las personas son libres y capaces de gobernarse a sí mismas.

-Brigadas Internacionales: unidades militares compuestas por voluntarios de diferentes países que se unieron al bando republicano para luchar en la Guerra Civil.

-Comunismo: movimiento político que busca la creación de una sociedad sin clases sociales en la que los medios de producción sean de todos los individuos.

-Democracia: forma de gobierno en la que los ciudadanos designan a sus representantes mediante elecciones libres.

-División Azul: unidad de soldados voluntarios españoles que combatió en Rusia con el ejército nazi de Hitler durante la Segunda Guerra Mundial.

-Ejército Popular de la República: nombre con el que se conocía al ejército fiel a la Segunda República que combatía a los militares rebeldes del bando nacional.

-Estado Mayor: órgano del ejército nacional que decidía las acciones militares durante el final de la Guerra Civil y la dictadura. Se creó en 1939 y operó hasta 1977.

-Exilio: proceso por el que una persona huye de su país natal por motivos normalmente políticos. Después de la Guerra Civil, muchas personas se exiliaron a otros países huyendo de las represalias de la dictadura.

-Falange Española: partido político de ideología fascista, similar a la del partido nazi de Hitler y a la del fascista de Mussolini. Era un partido muy crítico con la Segunda República y sus miembros participaron en la sublevación.

-Fascismo: movimiento político de ideología autoritaria que surgió en Italia como reacción al socialismo y al comunismo y que, liderado por Mussolini, defendía un estado dictatorial. Por extensión ha venido aplicándose a los militantes de partidos políticos de extrema derecha.

-Gobierno legítimo: nombre que adoptó el gobierno de la Segunda República después del golpe de Estado de 1936 para sostener que era un gobierno elegido democráticamente por los ciudadanos e ilegítimamente atacado.

-Golpe de Estado: apropiación del poder político que se produce cuando un grupo que no está de acuerdo con el gobierno de un país se rebela y lo destituye de manera repentina y violenta.

-Legión Cóndor: unidad militar compuesta por aviadores y aviones del ejército nazi que Hitler envió a Franco para luchar en la Guerra Civil.

-Milicianos: voluntarios republicanos de fuerzas por lo general irregulares, a veces poco organizados o incontrolados.

-Monarquía parlamentaria: forma de gobierno de un país democrático en la que el rey ejerce la función de jefe de Estado, pero no gobierna, ya que el gobierno reside en los representantes elegidos democráticamente.

-Nazismo: movimiento político de ideología autoritaria que surgió en Alemania, liderado por Hitler. Su ideología era similar a la fascista, pero además defendía la superioridad de la raza aria sobre otras.

-Parlamento: órgano de gobierno de los sistemas democráticos compuesto por los representantes elegidos democráticamente por los ciudadanos, en el que se debaten y aprueban las leyes.

-Régimen: sistema político por el que se rige un país.

-República: forma de gobierno en la que las personas eligen a sus representantes a través del voto. Las repúblicas se rigen por un documento que determina las bases de un gobierno y se denomina Constitución. La Constitución recoge las leyes máximas de una república o de una monarquía constitucional.

-Requeté: organización formada por unidades militares que combatieron en el bando nacional durante la Guerra Civil. Sus miembros eran de ideología carlista, un movimiento político contrario a la Segunda República que deseaba la reinstauración de la monarquía y los valores tradicionales.

-Rusia soviética: nombre con el que se conocía a las repúblicas socialistas del este de Europa unificadas por la Rusia comunista. Fue el principal sostén del bando republicano.

-Segunda Guerra Mundial: conflicto militar internacional que se produjo entre 1939 y 1945. Surgió cuando la Alemania nazi de Hitler intentó invadir Europa. Se formaron dos bandos: los países que apoyaban a Alemania (Japón e Italia, entre otros) y los aliados (Inglaterra, Francia y Estados Unidos, entre otros). La victoria de los aliados en 1945 supuso el fin de los regímenes fascistas totalitarios en Europa.

-Sindicalista: persona afiliada a un sindicato, que es una asociación de trabajadores que trata de defender los derechos laborales de sus miembros frente al empleador o la empresa.

-Sublevación: acto por el que algunas personas se rebelan contra la autoridad establecida.

Momentos clave

1931

-Abril: Proclamación de la Segunda República. Exilio del rey Alfonso XIII. Alcalá-Zamora es elegido primer presidente de la República.

1933

-Octubre: José Antonio Primo de Rivera funda Falange Española.

1936

-Febrero: Manuel Azaña es elegido segundo presidente de la República.
-Julio: Sublevación de las tropas y comienzo de la Guerra Civil.
-Agosto: El poeta Federico García Lorca es asesinado por el bando nacional.
-Septiembre: Fin del asedio al Alcázar de Toledo.
-Octubre: El general Franco es nombrado jefe supremo del ejército sublevado.
-Noviembre: Batalla de Madrid. El dramaturgo Pedro Muñoz Seca es asesinado por el bando republicano.

1937

-Marzo: Batalla de Guadalajara.
-Abril: La Legión Cóndor bombardea Guernica.
-Julio: Batalla de Brunete.
-Agosto: Batalla de Belchite.
-Diciembre: Batalla de Teruel.

1938

-Julio: Batalla del Ebro.

1939

-Enero: Caída de Barcelona. Se intensifica el exilio
republicano.
-Marzo: Golpe de Estado del coronel Casado.
-Abril: Caída de Madrid. Fin de la Guerra Civil.
Victoria del bando sublevado.
-Septiembre: Comienza la Segunda Guerra Mundial.

1945

-Septiembre: Fin de la Segunda Guerra Mundial. Victoria de las potencias aliadas.

División territorial

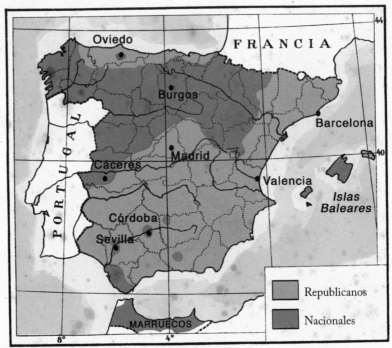

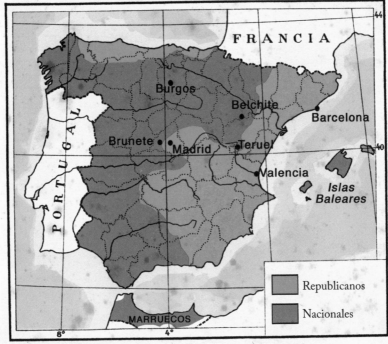

Julio 1938

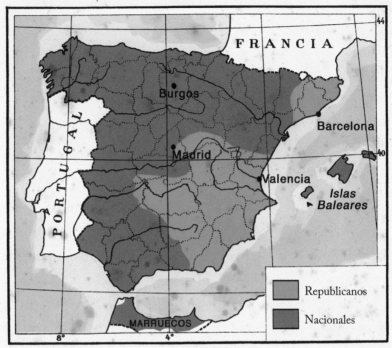

Febrero 1939

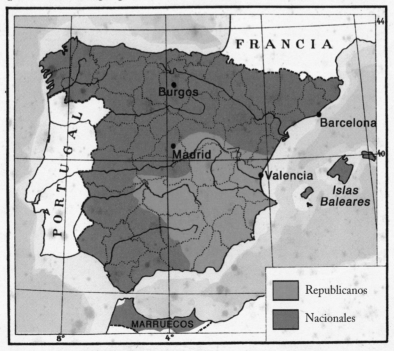

© Paco Navarro

Fernando Vicente nació en Madrid, España, en 1963. Pintor e ilustrador de formación autodidacta, sus primeros trabajos aparecieron en la década de los ochenta en las revistas *Madriz* y *La Luna de Madrid*. Actualmente publica en el diario *El País* y sus diversos suplementos. Ha ganado tres premios Award of Excellence de la Society for News Design. Ha participado en importantes exposiciones en espacios como ARCO, Círculo de Bellas Artes de Madrid o en el Museo de ABC.

© Jeosm Photography

Arturo Pérez-Reverte nació en Cartagena, España, en 1951. Fue reportero de guerra durante veintiún años. Con más de quince millones de ejemplares vendidos en todo el mundo, muchas de sus novelas han sido llevadas al cine y la televisión, como *La reina del sur*, *El club Dumas* o *El capitán Alatriste* entre otras. Hoy comparte su vida entre la literatura, el mar y la navegación. Es miembro de la Real Academia Española, institución en la que ocupa el sillón T.

Este libro se terminó de imprimir
en el mes de octubre de 2015